Bildermaus

Henriette Wich

Dinosauriergeschichten

Illustriert von Michael Böhm

Loewe

Inhalt

Ein tolles Team

Tom und Tini werfen sich  zu.

„Kommt her, meine kleinen !“,

ruft Mama. Heute wandern die 

los. Sie wollen dahin, wo die 

wärmer ist und wo es  gibt.

Und natürlich leckere .

Tom und Tini sind ganz aufgeregt.

Die  laufen über viele 

und durch ein langes . Endlich

kommen sie zu einer grünen .

Dort treffen sie einen .

Er heißt Lars und hat eine 

an seinem .

Mit der  schleudert er einen 

herum. Tom und Tini spielen mit

Lars . Dann müssen die 

weiter. Lars ruft noch: „Passt auf!

Hinter dem  lebt ein . Der

ist gefährlich, wenn er hungrig ist.“

Tom und Tini halten  und 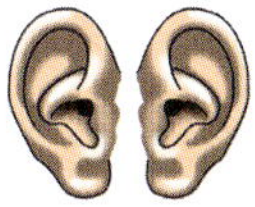

offen. Als sie einem  folgen,

regnet es wie aus . „Hilfe!“,

ruft Ken, der . Er ist in

den  gefallen. Tom, Tini und

zwei ältere  retten ihn.

Ken bedankt sich und schüttelt

seinen  mit den spitzen .

Ken sagt: „Passt auf! Hinter

dem  lebt ein . Der ist

gefährlich, wenn er hungrig ist.“

Die  wandern mutig weiter.

Bald kommen sie am  vorbei

und müssen zwischen zwei 

hindurch. Plötzlich hören sie hinter

sich den hungrigen  brüllen.

„Lauft!“, ruft Papa.

Tom und Tini fliehen mit den

anderen . Auf einmal springen

Lars und Ken von einem .

Lars schleudert seine  gegen

das  des . Ken stößt ihm

seine  in den .

Tom und Tini werfen 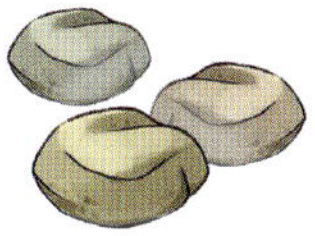.

Der  klemmt den  ein und

haut ab. „Das war genial!“, sagt

Tom zu Lars und Ken. Dann feiern

alle  unter den .

Wie lange dauert es noch?

Eigentlich ist alles in  bei Grummel. Der  lebt mit Mama und Papa an einem superschönen . Grummel klettert oft auf Mamas . Von dort oben sieht er den  und die hohen  und .

Grummel, Mama und Papa futtern

die  der . Wenn die 

zu heiß wird, springen sie in

den kalten . Grummel lässt

sich gerne treiben und spritzt

seinen Papa mit  nass.

Aber wegen der doofen 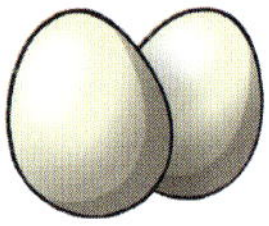 geht

das alles plötzlich nicht mehr.

Da sind winzige  drin.

Mama und Papa müssen auf

die 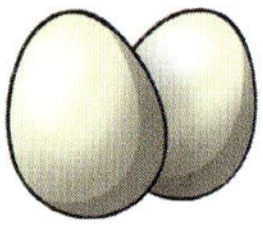 aufpassen und sitzen

dauernd neben dem .

Grummel pflückt  für Mama

und hängt sie oben in die .

Mama holt sich schnell die 

und saust sofort zurück zum .

„So ein !“, ärgert sich Grummel.

Er futtert ein paar  und ruft laut: „Mein  tut so weh!“ Papa holt , wirft sie auf die  und ist schon wieder weg. „Blöder !“, schimpft Grummel. Er rennt auf Mama zu und zieht seinen  ein.

„Uaaarg! Ich bin ein  und fresse dich!“ Mama wackelt mit dem  und lacht. Da stampft Grummel mit dem rechten  auf. „Wie lange dauert es denn noch mit den 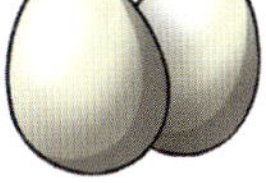?“

Papa seufzt. „Die  wird wohl

noch ein paarmal aufgehen.“

Mama steht auf und fragt: „Wollen

wir kurz in den  springen?“

„Au ja!“, ruft Grummel.

Er klettert auf Mamas runden .

Im  ist es lustig. Plötzlich hört

der kleine  jemanden fiepen.

Die  sind endlich aus den 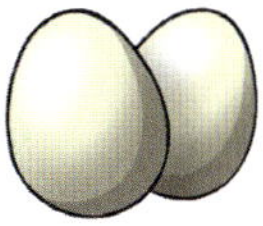

geschlüpft!

Ron rast über den Rasen

Kerem liest in einem  über .
Den  findet er besonders
cool. Als  war der so groß wie
eine , wuchs schnell und war
irgendwann so lang wie ein .
Kerem starrt mit großen 
in das . Hä?

Hat ihm der kleine  gerade zugezwinkert? Huch, jetzt kommt ein braunes  aus dem ! Neugierig streckt der  seinen  heraus. Und – *zack!* – springt er auf den .

Kerems  schlägt schneller.

„Hi!“, sagt der . „Ich bin Ron.

Hast du zufällig frische ?“

Und schon stürmt Ron an Kerems

Mama vorbei in den . Ron

frisst das ganze  weg.

„Lecker!“, rülpst er. Jetzt ist Ron

schon so groß wie ein . „Wir

bringen ihn lieber in den “,

sagt Mama. Sie holt das . Ron

springt hinein. „Schneller!“, ruft er

und streckt den  aus dem .

Als sie am  vorbeifahren,

brüllt Ron: „Stopp!“ Er steigt aus

und frisst noch mehr . Jetzt ist

er so groß wie ein . Die 

denken, dass Ron zum 

gehört.

Sie klettern ganz begeistert auf dem  herum. „Sei kein !“, rufen die  Kerem zu. „Komm, spiel mit uns!“ Kerem klettert auch auf den .

Plötzlich ruft Mama: „Kerem,

wach auf!“ Sie lacht. „Du bist über

deinem  über die 

eingeschlafen!“ Kerem starrt auf

den  und Ron zwinkert ihm zu.

Alles Gute zum Geburtstag!

Heute hat Diego . Er wird schon sieben! Als er aufwacht, schlafen die anderen  noch. Diego hüpft zur . Die  taucht aus dem  auf. Das  schimmert wie ein rosa 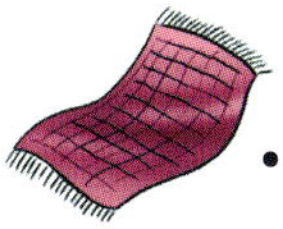. Diego ist so aufgeregt!

Werden Emma, Luca und Manuel

ihm viele  schenken? Diego

hüpft schnell zurück zu den .

Emma stöhnt: „Ich bin so müde

wie ein !“

Luca putzt umständlich seine .

Und Manuel sagt zu Diego: „Alles

frisch bei dir, du ?“ Diego

ist beleidigt. Die  haben

vergessen, dass er  hat!

Diego stößt sich von der  ab und breitet seine  aus. Dann wird er sich eben selber ein paar leckere  fangen! Diego segelt ruhig über dem  dahin.

Dann stürzt er hinab und schnappt

mit dem  zu. Bald hat er

genug  gesammelt und fliegt

zurück zur . Ach du dickes !

Emma, Luca und Manuel sind weg.

Und alle anderen  auch.

Diego starrt aufs  und sieht

die , die vor der  liegt.

Ein paar  schwirren aufgeregt

um die  herum. Seltsam!

Dort sind doch nur dürre ,

ein paar 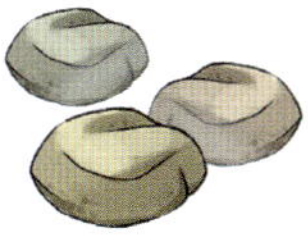 und ganz viel .

Diego kneift die  zusammen.

Plötzlich sieht er einen  hin

und her huschen. Was ist da los?

Schnell fliegt Diego zur . Hinter

den  raschelt es. Plötzlich ist

Diego von  umringt. Sie

singen mit weit offenen 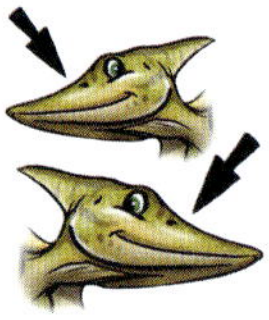:

„Diego, der wird heute sieben,

und er soll jetzt  kriegen!“

Emma, Luca und Manuel bringen

sieben frische . Jetzt strahlt

Diego wie die .

Die Wörter zu den Bildern:

Schneebälle

Dinosaurier

Edmonto-
saurier

Sonne

Palmen

Blätter

Berge

Tal

Wiese

Ankylosaurus

Keule

Schwanz

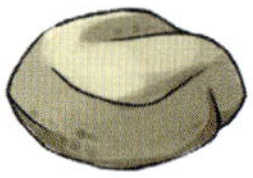
Stein

Fußball

Vulkan

Tyranno-
saurus Rex

 Augen

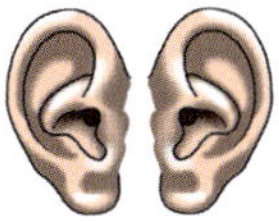 Ohren

 Fluss

 Eimer

 Triceratops

 Kopf

 Hörner

 Felsen

 Bein

 Bauch

 Butter

 Brachiosaurus

 See

 Rücken

 Bäume

 Wasser

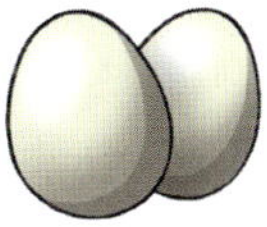 Eier

 Dino-Babys

Nest

Blumen

Mist

Kräuter

Hals

Elaphrosaurus

Buch

Stegosaurus

Katze

Bus

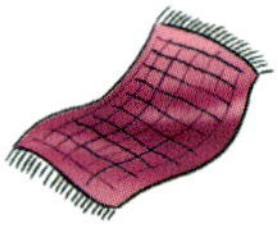
Teppich

Herz

Garten

Gras

Hund

Zoo

Auto

Fenster

Spielplatz

Pferd

Kinder

Frosch

Geburtstag

Flugsaurier

Klippe

Meer

Fische

Federn

Flügel

Schnabel

Insel

Küste

Vögel

Sträucher

Sand

Schatten

Henriette Wich, 1970 in Landshut geboren, hat zahlreiche Kinder- und Jugendbücher geschrieben, darunter viele Krimis der erfolgreichen Reihe „Die drei !!!". Henriette Wich lebt mit ihrer Familie in Regensburg.

Michael Böhm, 1974 in Dortmund geboren, lebt mit seiner Frau vor den Toren Hamburgs. Seit er ein kleiner Junge war, zeichnet er am liebsten alles, was Räder hat, und konnte das Hobby zum Beruf machen. In der Freizeit schraubt er auch gern an seinem alten Auto rum. Mehr über Michael Böhm erfahrt ihr unter www.digillani.de.

Bildermaus

Mit Bildern lesen lernen

ISBN 978-3-7432-1824-6

ISBN 978-3-7432-1788-1

ISBN 978-3-7432-1825-3

ISBN 978-3-7432-1826-0

ISBN 978-3-7432-1732-4

ISBN 978-3-7432-1744-7

Loewe
Das will ich lesen!

Lesenlernen in 3 Schritten

Gemeinsam lesen

ISBN 978-3-7432-2119-2

ISBN 978-3-7432-1965-6

ISBN 978-3-7432-1616-7

ISBN 978-3-7432-1410-1

ISBN 978-3-7432-1293-0

ISBN 978-3-7432-0916-9